새벽

임나하	사백	김가희	열망	희	백선화
정성주	이도희	유연	김지음	염채민	
소운	기봄빛	유경지	홍	이유로	박솔
이부	박화우	최규민	이서록	김하민	
지원	오연우	이제	녹무	채나나	유술
정지우	윤신	강랑	박하	이예란	백우미
소은	규빈	추단비	김윤진	윤	임서윤
오진서	백건영	홍여진	지구	리아	강지수
은노래	사각지대	김리을	느루	권나영	
정그믐	오은총	강혁준	창유	-	

나는 이불이 되어 당신의 악몽을 잠재우고…
나를 여밀수록 당신은 찬란한 아침의 곁으로

2023년 12월

I

새벽걸음 임나하	13
여름 새벽 사백	14
거울 김가희	16
너의 시간 열망	17
새벽민 희	20
백야 백선화	21
새벽의 불공평 정성주	22
새벽별의 헤엄 이도희	23
이곳에 있는 시티들을 다 돌아보고 가장 마음에 드는 곳에 살자고 했다 유연	24
편지 김지음	27
사라진 날 염채민	28
스러진 정원 소운	29
레드썬 기봄빛	30
좋은 꿈 유경지	32
깨어지지 않는 새벽 홍	34
희망행 탈선 주의 이유로	36
여윈잠 박솔	38

부엉이 둥지 이부	39
기억의 도서관 박화우	42
4에서 5 최규민	44
회자정리 이서록	46
새벽의 고백 김하민	48
스노우볼 지원	50
야광타투 오연우	52
고백 이제	54
추풍 스미는 밤 녹무	56
sailing day 채	58
사랑이라고 불리우는 것들 나나	60
94℃ 유슬	62
반타 블랙 정지우	64
hysteric 윤신	66
U-485, 흑발의 천사 강랑	68

II

새벽 박하   71

새벽의 초상 이예란   72

밤사이 당신에게 백우미   74

비닐봉지 소은   77

넌 새벽을 좋아하니 규빈   78

네버랜드 추단비   80

새벽바람 나의 바람 김윤진   82

나는 불면증 환자였는데 윤   84

뜨거운 새벽의 유령 임서윤   86

안과 밖 오진서   88

청춘 백건영   90

새벽이 싫은 이유 홍여진   92

동거 지구   94

서린 마음 리아   97

장식용 은둔자 강지수   98

#_#!(조심해=사랑해) 은노래   100

Mærry 사각지대   102

잘 자 김리을	103
반딧불이 느루	104
축약되는 것들에 대한 고찰 권나영	106
오늘도 너의 새벽은 좀 더 짧을 거야 정그믐	108
잘 자요 오은총	110
타래 강혁준	112
해야 할 일 창유	113
	114

○ 작가명은 작품 첫 장의 쪽 번호 옆에 표기하였습니다.

I

새벽걸음

　빛 어스름 물안개 물속 같은 안개 속을 헤치고 나아가 아직 숨지 못한 별 손에 쥐고 두 눈에 넣어본다 나는 너를 본다 나를 보는 너를 본다 차가움 공기 입김 입에서 나오는 숨이 방울져 눈가를 타고 스친다 팔과 다리가 물속을 부유하듯 압력을 받아내고 물고기가 옆을 지나갔던가 여기는 물속이었나 밤 새벽이었나 그것도 아니면 꿈속이었나 바람이 일었나 유속이 일었나 해초 같은 기다란 잡초가 정강이를 쓸고 넘어졌다 다시 일어선다 키가 큰 게으른 풀들 그보다 느린 발걸음을 옮기는 내가 있고 새벽이었나 아침이 밝아오는 새벽이었나 그게 아닌 밤을 마주한 저녁이었나 나는 어느 것인지도 모를 시계의 반쪽 달을 이리저리 접어 넘겨본다 결코 펴지진 않는 여기에 갇혀버렸나 평생 허우적대다 빛을 잃고 길을 잃으려나 너는 이 길의 위에 있을까 옆에서 앞에서 뒤에서 나를 보고 있진 않을까 내 몸짓이 춤추는 것으로 보이려나 즐거워 보여 손을 뻗어 길을 알려주지 않았나 흐릿하게 보인 네가 웃고 있었을지도 내 발자국 바람에 쓸린 먼지인지 물결에 쓸린 모래인지 그 어느 것이 흐트러뜨려 지워버리고 부드럽게 지나치는 거대한 물방울들 이마와 귀와 어깨와 손등 허벅지와 무릎과 발목을 감싸며 천천히 천천히 땅에 가까운 먼 곳의 작은 집들은 또한 별빛인지 아닌지 차갑고 미지근한 물의 방울들

여름 새벽

태양이 뜨지 않는 여름의 새벽에는
이유 없이 언니가 떠오르곤 했어요

태양의 부재는 결국 절 절망케 했지만서도
눅눅한 어둠을 견뎌낸 우리의 낡은 청춘은
고요한 파도를 넘어 싸구려 사랑을 읊었고
새벽의 절정엔 사그라진 낭만을 찾곤 했죠

나는 언니의 영을 천국에 떠나보내고
고요한 새벽을 혼자 버티지를 못해요

새벽녘의 옅은 환희를 머금고
짙어진 습기를 가득 들이키면
시끄러운 여름 새벽의 우울이
언니가 없어 비어버린 심장을
징그럽게 가득 채우곤 했어요

난 새벽이 궤멸했으면 해요 언니
고작 서투른 낭만에 설레긴 싫어

언니가 없는 짙푸른 새벽의 작은 천사는
새파란 내 청춘의 하얀 메아리를 앗아가

우리가 명명하지 못했던 새벽을
이번 여름을 빌려 명명하고파요

언니는 나의 구원,
언니는 나의 새벽

우리의 새벽은 낭만,
우리의 새벽은 우울

거울

당신의 마음을 반으로 갈라
주세요

켜켜이 쌓아 놓은 심장 하나를 꺼내 거풍시켜
주세요

발바닥이 땅바닥에 닿는 그 순간은 들키지 말아
주세요
타닥 타 닥 닳는 소리가 들리지 않도록

내가 고여 있는 밤
나의 사전에서 너의 표정을 찾는, 다급히
페이지 넘기는 나를 들키지 않도록
조심하세요

성큼성큼 다가오는 바깥의 나에게
잡히지 않도록
(조심하세요)

너의 시간

스프링
소리가
들렸다
머리맡이
네 무게만큼
내려앉았다

차례로
너의 온기
너의 한숨
너의 뒤척임
너의 눈빛
우리의 밤
그 밤의 모든 것

네가 사라진 세상에서 내가 제일 먼저 한 일은
내가 나중에 떠난 뒤에
네 옆에 묻지 않을까 봐
한참 전 일이라고 잊을까 봐

네 이름을 유언장에 빼곡히 쓰는 일
내 인생을 다 헤집어도
더 의미 있는 존재는 없다고 단언하는 일
누군지 모를
나의 마지막을 집어 든 사람에게
부탁하고 또 부탁하는 일

꽁꽁 가려둔 창문으로
빛이 새어 나오면
너는 또 사라지고
나는 아무것도 아닌 채로
아무렇지 않아야 한다
밤이 지새면
밤을 지새운
나는
빛을
막다가
두 손으로
틈을
막다가

우리의
모든 가능성을
헤아리다가

새벽민

한겨울엔 연기가 한숨을 숨긴다

우리는 영영 겨울 새벽에 숨어 숨 쉬던 사람들
동이 틀수록 등이 굽는 곱추들을 어떡하지

유목민은 별들을 따라가다 집을 찾았다는데
새벽민은 발밑의 돌들을 주워가며 길을 찾는다

물웅덩이에 한순간 비췄던
한여름 유성들의 온기를 끌어안으려

애써 여명을 등지고

태양을 품에 안으려

백야

그러나 준비할 틈도 없이 맞이하는 새벽. 멀건 민소매를 입은 새벽은 모두에게 낯선데. 그래서 모두가 잠들 때를 놓쳐버린 걸까. 이제는 더 이상 오래되어 저물어 가는 빌라가 납작하네. 옥탑에 사는 i씨네에서는 아직 세탁기가 고함을 지르고 앞 동에 사는 h씨네에서는 몇 시간째 청소기가 울린다. 모두가 늙어가는 이 새벽의 빛은 서로를 들여다보기에 충분히 희고. 계단 위에 계단이 있고 물 위에 또 물을 붓는 그런 하루. 하루가 창백하게 지나갈수록 빌라의 새벽은 주름살에 파묻힌다. 그다음 새벽은 모두가 모두에게 미안하다. 가령, 새벽엔 노크가 금지된 것을 알면서도 버겁게 지샌 하루가 현관문 사이만큼의 가능성 또는, 초인종 소리 사이의 망설임만큼이나 미안하다. 끝끝내 용서받을 수 없는 새벽바람. 누가 지나간 아쉬움일까. 몰래 베란다 문틈 사이로 스며들어와 서러움을 말린다. 쉴 틈 없이 서로를 번갈아 본다. 지금이 도대체 몇 시인 걸까. 새벽은 누구의 것일까. 내가 사람인지도 모르겠어. 감정을 뽑아내는 기계가 되어버린 걸까. 서로의 이름을 외우고 기억하다가. 수면제 한 알 먹고 그제야 겨우 잠에 드는 빌라의 밝은 새벽.

새벽의 불공평

나는 네 새벽이 날 어둡게 하는 게 싫었다. 네가 사랑을 말할 때 나를 생략하고, 사랑을 쓸 때면 나를 띄어 쓰는 게 싫었다. 너는 내게 바다보다 깊은 반면 너에게 나는 포말에 불과할 것이 싫었다. 사랑의 깊이와 촉각의 깊이가 다르지 않다는 것과, 누구도 읽지 않는 책의 빈 페이지 같은 내 모습이 싫었다. 사랑의 변명과 사랑의 번영 사이에서 침묵으로 소란한 내 외롬이 싫었다. 네 손짓에 범람하는 감정이 싫었다. 새벽마다 숱한 다짐을 별들에 새겼다. 그럼에도 너와 눈 마주치는 매 순간이 새벽이었다. 때로는 이 별이 싫었다. 이게 사랑이라 더욱 그랬다.

그러나 끝끝내 너를 싫어할 수는 없었다.
나는 네가 안겨준 아름다운 불공평을 비밀처럼 껴안고는 매일 새벽 별과 함께 저물었다.

새벽별의 헤엄

적당히 살아갈 수 없어
새벽이라는 벌을 받았다
누군가 두 눈 꼭 감고 꿈속을 헤엄칠 때
나의 눈동자는 위로 또 아래도 헤엄쳤다

까만 천장엔 우리가 함께한 약속들이 분명히 있어
그 앞에선 너도 감히 웃지 못할 거야
전부 기억하는 별을 모두 받아서
이불 위에 반짝하고 펼칠게
별들이 가진 다섯 개의 팔을 접어 잠영하면
모서리가 사라져서 아프지 않을 거야

새벽의 둥근 절망
안고 살아야지

이곳에 있는 시티들을 다 돌아보고 가장 마음에 드는 곳에 살자고 했다

물 위로 달이 떨어지는 시간에
문득 너의 일기장이 궁금해졌다
솜꽃에 얼굴을 파묻고 시간을 세면
익숙한 필기체가 숫자를 그린다

그러다 낯선 곳으로 날아갔다
낯선 외지에 둘만 남는 곳이었다
편도 티켓과 주머니에는 오직 동전
너에게는 비밀

우리는 호주식 쌀국수를 판다는 조그마한 가게에 들렀다
그러다 화장실에 들어가 웨딩드레스를 입고
비행기에 몰래 올라타며

대륙을 처음 발견한 사람처럼 도시들을 관망했고
나는 너에게
이곳에 있는 시티들을 다 돌아보고 가장 마음에 드는 곳에 살자고 했다
살려면 살 수 있는 것처럼
동전 비린내가 나는 손을 숨기고

열이 피어오르는 순간
희끗한 구레나룻에 물방울이 송골송골 맺히고
우리는 희미해진 장면의 주인공이 되어
손을 꼭 맞잡으며
언어도 모르는 이곳을 헤치며

눈을 끔뻑일 때마다 무언가 지워진다
맞잡은 손을 바라보자 펑 소리가 났다
펑
그건 솜꽃이었지
솜꽃
네 손이 아니라

눈을 떴는데 여긴 멜버른도 시드니도 아니었다
천장에서 땀이 뚝뚝 흐르는
네가 없는

때때로 침묵이 거리를 덮치는 시간
환상이 침묵을 덮칠 수도 있는 시간

헤매던 마음이 사이클을 만들었고
기억이 잔상을 만들었고
너를 그리다 무거워진 두 눈이 나를 이곳으로 이끌었다

마침내 눈가가 촉촉해졌다
정오에도 호주식 쌀국수를 파는 곳이 있을까

편지

당신이 낮에 적어 마음에 넣어준 편지를
고요한 밤의 대문에 앉아 읽어보았습니다.
바깥은 겨울인데
글자 사이사이 끼워져 있는 햇살이
자꾸만 눈이 부셔 눈물이 났습니다.
면역이 돼버린 내 불행과
편지 속에 웅크리고 있던 행복이 싸우는 탓에
단어 하나하나를 꼬박 앓으며 잠에 듭니다.

사라진 날

오늘은 해가 뜨지 않았다
당신과 나의 소원이 이루어진 것임이 틀림없었다
그럼에도 변하는 건 없었다

해가 뜨지 않는다고 해서 당신이 웃는 것도 아니었고
온종일 어둠에 잠식되었다고 해서 눈을 뜨는 것도 아니었다

우리는 오늘도 바닥에 하루를 새겼다

해가 뜨지 않아서 늦잠을 자버렸고
유독 어지러운 향기가 방 안에 맴돌았고
당신은 여전히 웃지 않았다고

나는 바닥에 새긴 언어를 토해냈다
당신은 늘 그렇듯 사라지는 언어를 바라만 볼 뿐이었다

우리가 만든 모든 형태와 이름들은 계속해서 사라지기만 해서
그래서 우리는 어느 곳에도 존재할 수 없다

스러진 정원

소소리바람이 내려앉았던 우리의
현소玄素*는
아무런 예언 없이 모든 새벽을 잠재웠다

우스운 원망이라도 떠다니는
리듬을 타고 저 긴 소롯길로 닿았으면 해
는적는적 오래된 잔향의
기억만 더듬게 만들고
다 늦은 새벽에 폭 안겨 아무도 모르게
리듬을 탄 채 밤이 엷어질 때까지
고스란히 서린 여운만 더듬어 너는 대체 어디에

있어?
어디에서 어떻게

* 이별

레드썬

나는 11시면 잠에 든다.
피곤에 전 몸을 늬이고
통조림 캔 속 꽁치가 된 것처럼
축 처져 침대와 한 몸이 된다.
점점 뿌옇게 눈이 흐려진다.
매일 같이 반복되는 하루에
그만 잠들고 모든 피로를 씻고 싶다.

3
2
1
레드 썬.

새하얗게 보이는 새까만 천장이 내 눈앞에 있다.

나의 깜빡임의 시간은 3시간.
나의 눈꺼풀은 미래를 걱정하는 마음의 근육과
당장 헤쳐나가야 할 문제들을 생각하는 마음의 근육.

다시 눈을 감자
아, 새벽에만 불쑥 튀어나오는 갑갑한 비염 증상

아무리 뒤척여도 쉴 수 없는 숨에
내게서 나올 수 있는 유일한 숨은 한숨뿐.

코를 막아오던 것들이
점점 귀를 막고
점점 목을 막고
눈을 막고
내 심장을 막고

울컥 쏟아져오는 무언가를 연신 닦아내다
그렇게 지쳐 어둠 속으로 빠져든다.
새벽과 함께 사라진다.
날이 저물고 또다시 반복될 이 시간에 몸부림치면서.

3
2
1
레드 썬.

좋은 꿈

듣고 싶지 않은 것들을 대바늘로 기워 이불을 만들었다
작은 집 안에 작은 사람 속에 텅 빈
숨이 녹아 늪이 된 곳이 있다 추위를 견디기 위해 이불로 잠시 덮어두고

찬 얼굴을 한 언니와 마주 앉아
좋은 꿈을 꾸다가…… 아침이 될 때마다 슬퍼졌고

내 안에
사람을 들였다

들리지 않아

만져지는 것들은 부서진다 바스락 소리가 나는 가을에 거둬들여
겨울을 나기 위한 귤처럼, 애지중지하다 보면

사람 안에 사람을 두면
그 사람의 발자국만큼 소란스러워진다

어제 새벽에—

언니가 문을 열고 나설 때마다 손을 씻고 옷을 새로 입혔다
단둘이 있는 파란 지붕 10평 남짓 자그마한 내 안의 집에 이제 언니는 없고
누군가, 정자세로 허리를 굽히고 앉아있는 모양새를 본다

좋은 꿈을 꿀 거야 이 세상 바깥에서

언니는
희고 부서진 손으로 인사하며 멀어진다

이제 내 안에
또 한 번 공백이 쿵, 조용한 겨울 새벽에

쾅!

발자국이 너무 많이 쌓였다
시끄러운 날이 계속되면 나는 한없이 움츠러든 채 좋은 꿈을 꾸다가……

깨어지지 않는 새벽

밤이 깊다. 나는
단단하게 잠겨 있다.
부동으로 깨닫는다.
이곳은 수면이 아니다.

축축해진 지는 오래다.
하면 물이던가.
물이 아니니까.
숨이 얼긴다.

답,
답하다.
다면체 인간이
육면체에서 면을 구하는 일.

잠은 나를 들이지 않는다.
매번 손님으로 갔다.
문이라 오래 믿고서
그러나 실은

새벽이 온다.
새 벽이 온다.

희망행 탈선 주의

황혼을 꿈꾸던 일기장의 소녀야
이제는 여명조차 이기지 못하는구나
나 용감하게 다시 꿈꿔 볼까 하고
뽑아 든 검은 칼은 어느새 마음보다도 무뎌져

주인 잃은 일기는 한낱 싸구려 소설만도 못하니
버려지면 버려질수록 깨끗한 가여움을
몇 장이고 펄럭이며 항복
그래, 오늘 밤도 항복이다

깜빡깜빡 패배를 곱씹는 외로운 정수리 위로
떠오른 하늘의 의기양양한 울음, 붉은 눈물
막 탯줄을 잘린 것처럼 이 세상이 온통 제 것이라는 듯
힘차게 오만하게 짜증 나게

나의 백기가 또 흰 벽이 전부 뜨겁게 물들어도
그칠 줄을 모르는
그 언젠가 아득한 사백 년의 대영 제국처럼

어떻게 도망갈 수 있지
어디로 도망가야 하지

그야 나는 밥을 먹는 좀비라서 일을 하는 좀비라서 울고 웃을 줄 아는 좀비라서 꿈을 꾸던 좀비라서 아니 그땐 사람이었구나

커튼이 열립니다 눈부심 주의
이번 벽은 아침으로 갈아타실 수 있는 새벽입니다
현실과 이상의 괴리가 넓으니
건너실 때 발 빠짐에 주의하시기 바랍니다

하느님 맙소사
내일도 내일의 태양이 뜬다니

여윈잠

괴리한 밤이다. 견딜 수 없게 조용하다. 나 또한 숨을 죽인다. 견디지 못하고 죽을 것 같은 그때에 눈을 뜬다. 새까맣다. 내가 눈을 떴었던가. 헷갈린다. 미적거리며 손을 들어 눈꺼풀을 만져본다. 눈을 뜨고 있었다. 공기조차 미동 없이 존재한다. 내가 숨을 쉬고 있던가. 헷갈린다. 다시 손을 들어 코를 잡아 눌러본다. 폐에 들어차는 압박감이 느껴진다. 숨을 쉬고 있었다. 모든 것이 괴격하다. 어지럽다. 그만 생각하고 싶다. 자고 싶다.

나는 잠을 잔다. 나는

부엉이 둥지

사각대는 부엉이 둥지 속
사각사각 소리에 맞추어 털처럼 그어지는 짧은 선

반쯤 덮인 눈꺼풀이 끔벅이며 검은 창을 바라보고
멍한 시선이
부쩍 흐릿해진
반짝임을 헤집는다
볼품없는 깃털로 덮인 손이 초점을 따라 반짝임을 그린다

그 녀석은
건강부터 빌게 된 달을 향한 기도
여전한 외모 콤플렉스
동결되듯 관성을 가지게 된 가치관
시시해져 버린 어린 날의 소원들

삶은 따분하기 그지없다는 반달눈을 뜨고서
흑연 가루로 덕지덕지 덮은 모난 흠결들

종이 위로 갓 태어난 새끼 부엉이
파르르 몸을 떨며 검은 가루를 털어내고

제 어미와 똑 닮은 눈을 끔벅끔벅

두어 번 미숙한 날개를 꿈질거리다
꾸물한 새벽안개를 품은 녀석이 날아간다

검은 창 앞에서 잠시 주춤거리다 펄럭,
저 너머로
덥수룩하게 정리되지 않은 무성한 가지 사이를 비집고
아스라이 밝아오는 푸른빛을 향해

빛 한 점 들지 않는 부엉이 둥지 속

고개를 쳐들어 보지만
둥지엔
저 자신을 비추는 검은 창밖엔
소복이 먼지 쌓인 전구 빛의 잔상밖엔

한 녀석을 날려 보내고
다시금

사각대는 부엉이 둥지 속
사각사각 소리에 맞추어 털처럼 그어지는 짧은 선

누군가에게 전해지길 바라는
비밀을 품은
자화상
닿지 못할 것을 알면서도

기억의 도서관

모든 걸 뒤로 하고
항상 떠날 준비를 하는 사람 같다

인위적으로 기분을 취하려고 하면 다 들켜
그러니까 너는 진실만을 내게 이야기했으면 해

푸른 조명
푸른 새벽은
아무것도

영혼의 색을 가릴 수 없을 테니까
(가려낼 수도 없는 것이고)

그리움은 푸른 음절이라
내게 한낮에 바래진 것이 되었다

기억을 보관하는 도서관
온통 유리로 빛이 투과될 때
우리는 점점 상하는 것이다

그뿐이다
그렇게 각자의 이별을 지새우기로 한다

이 그리움은 나 혼자만의 것이다

나 혼자만의 시간
나 혼자만의 음절
나 혼자만의 새벽

아득해지듯 바래어 가고
더는 의미 없을 때 나는 뒤늦게야 속의미를 알게 된다

4에서 5

그믐달과 밤의 끝자락에 나는 커피 향기를 좋아했다.

막 내린 커피였을까
전부 외워둔 시였을까
차갑게 포근한 공기였을까
그게 아니면

—

새벽녘에만 보이는 달이라는 말이 어쩐지 끌려서 몇 번이고 지켜보곤 했던. 그 아름다움 뒤로 빛을 알려오고는 어느새 숨어 칠흑과 기억만 남겨두는 게 문득 너와 같아서, 먼동의 영토에 자꾸만 시선이 감돌았지

—

너와 나는 이를테면 그림자놀이
쫓아다니는 듯
하나가 되는 듯
결국 닿을 수 없는

―

닮고도 다른 빛은 희미해져
색깔별로 나를 붙잡아줘
나에게 몽환을 건네주어
나를 시를 미소를 다시 지어줄래

쌉쌀한 끝맛엔 침묵을 올려서
어떨지 모를 그을음을 바라보며 숨죽이기
동쪽 하늘로 향과 네가 솟아오르지

그믐은 이름을 가만히 발음하고
환한 달과 밤에서는 흘깃 도망을 쳐
네가 있어야 할 시간에는 빈혈이 온 듯 대칭축이 흔들려
갈팡질팡인 매일 나는 그림자 밟기

회자정리

아주 멀리 가자
먼 극지 백야의 나라로
밤도 달도 찾아내지 못할
미완성의 하루들로

아주 느리게 가자
우리의 삶은 시간에 값을 치니까
끝나지 않는 밤에서 영생을 살자

어렴풋한 눈꺼풀이 녹아내릴 때
오지 않는 새벽과 눈망울에 스며드는 도깨비불
영혼들이 입을 맞추는 소리

목덜미에 고인 어둠을 깨물면 해가 뜨고
일어나지 않는 당신은 혼자 새벽을 산다

고요한 끝맺음을 축복하는 새벽
지나가 버린 애인의 숨을 대신 쉬어주는 일
눈꼬리에서 흘러내리는 비를 긋는 당신아

깜빡
하면

살아 있다고 믿어왔던 것들이 전부 죽는다
죽여온 숨이 일순간 터진다

파도 같기도 꽃망울 같기도
팽창하는 숨소리에 당신이 질식하는 것 같기도
살며시 새벽이 찾아오는 소리에

속삭이며
묶음으로 전하는 애도

너무 그리워지기 전에 다시 만나
잘 자
사랑해

새벽의 고백

보이지 않던 것이
보이게 되면 어떨까 싶었다
그렇다면 나는
당신을 앞으로 안을 수 있는 횟수를 알고 싶었다

샤프심이 박힌 지우개를 써 가듯
닳아질수록 드러나는 조바심에
당신이 떠날 거라는 생각은
힘껏 지우려 해도
번번이 눈앞에 그려질 테고

또렷한 안타까움에 대신 속삭여 줄 테다
유년의 언덕에 저 깊이 묻어둔 말들을
부끄러움을 헤집어 꺼내와
볼이 새빨간 심장의 색깔이 될 때까지

퉁퉁 부은 아쉬움으로 시작한 하루는
그때야 변하지 않는 소중함으로 가득 차
쓰라린 만큼 그윽한 품에 꼬옥 기대어
잦아드는 숨결과 박동들을 귀에 담아두겠지

사실 그렇다
은연중 들리는 초침 소리가
언제 터질지 모르는 폭탄 같았기에

매일 이불에 들어가고 나서야
당연함에 취해버린 오늘을 꼬옥 쥐고
꿈 속에서 솟대를 여럿 세우곤 하였다는 걸
당신이 떠나고 난 후 달라질 일상의 온도에
도무지 덤덤할 자신이 없었다

속절없어 한숨만 뻐억 내쉬다가
차라리 담배를 그렇게 피라는
옆 집 할머니의 호통에
채 남아있는 고민을 끄고서 남겨두고 왔다

내일 올 때는 저 먼 별나라
어린 왕자에게 전할 편지지도 가져와야지

아직 몇 번 더 안아 드리지 못했으니
그 몇 번이 끝날 동안까지
보아뱀은 되도록 늦게 보내달라고

스노우볼

은
그 새벽에 말이야
마침내 도시는 커다란 스노우볼이 되었지
창가에 붙어 그 광경을 보고 있자니 퍽 슬펐던가

넌 갑자기 남겨진 쪽이 편하다는 말을 했어
내가 이해한다는 대답을 하자
문득 날 쳐다봤지
난 여전히 스노우볼에 마음을 뺏겨 널 돌아보지 않았어
네 표정도 그래서 못 봤을 테고

조금은 서둘러 사라지려는 것들을 쥐어본 적이 있어
구원이라는 말은 유치했고
다음 생에서 보내는 안부는 필요 없었지
받아놓고 돌려주지 못한 약속이 싫어
새끼손가락을 내어줬었는데
거기까지 가고 보니 단번에 알게 되었지

사실 그건 이해와는 조금 다른 얘기야
우연히 알게 된 거야

가만히 있어도 그런 걸 배우는 순간들이 있어

남겨진 것들의 마음
미리 사라지거나 서둘러 떠난 것들은 모르는

은
이 새벽은 끝나지 않을 모양이야
난 아직 창가에 붙어 스노우볼 속에서 널 찾고 있어

네가 녹지 않았으면 하는 소원을 쥐고
내 구원을 내어주려는 다짐을 해
다음 생쯤이라도 상관없다는 듯이

야광타투

　잠들기 전 너의 습관은 침대 속에서 툭 불거진 나의 척추를 점자처럼 신중하게 어루만지는 것 읽히고 있다는 생각이 들면 숨길 것이 많은 나는 몸을 웅크렸다 그럴수록 뼈가 울렁이며 더 뾰족하게 솟았다는 건 나중에 안 사실이다 영악한 애인이 끝내 말해 주지 않았기 때문에
　그래서 읽기에 더 수월했을까 너는 태아처럼 뭉쳐진 내 생을 손바닥 위에 놓고 수정구슬처럼 굴리며 줄줄 읊었지 모르는 새 찍힌 사진처럼 나도 모르는 나 따위의 것들을 자장가처럼 담담하게
　누가 내 생의 증명서를 요구한다면 네 손을 건네 줄 심산으로 너의 나를 굳이 외우려고 하지 않았으니 이제는 영영 증명할 수 없겠구나 약속 도장 복사 코팅 거친 네 손바닥이 내게도 기밀이 되었기에

　영원 같은 건 한심하니까 우리는 평생 동안만 같이 있자 몸이 다 썩어 사라지면 그땐 깔끔하게 헤어지기 동의하지

　그 새벽 평생이란 말로 너에게 새겨 둔 나는 가장 진실인 나

젖지 않고, 바래지 않고, 흐려지지 않을 테지만 영영 읽을 이는 없을 테고 변함없이 선명한 그대로 버려져 부패만을 기다리는

고백

망가진 영혼들이 모이는 그곳에서
모두가 별이 되고 싶어 육체를 버리고
밤하늘을 유영하는 꿈을 꾸곤 했다

새벽마다 어느 생명이 지고 어느 세계가 무너지고
이렇게 절망만이 가득하다면 태어나지 않는 게 좋았을까
서로 영혼이 섞이고 싶었을 뿐이었는데
그저 그것뿐이었는데

너의 절망은 어때 파도가 부서지는 것처럼 유성이 추락하는 것처럼
아름다운 고통을 간직하고 있니
고통 속에서 구원을 바라는 기도가 귓가를 가득 채우고

우리는 좀 더 이어졌어야 했다
신을 믿었어야 했다
마치 멈춰 버린 시계처럼
작열하는 태양
번져 버린 핏빛 수채화
나의 세계는 아직 해가 지지 않았는데도

언젠가 하늘에서 무수히 많은 영혼이 떨어진다면
나는 온전히 너를 몇 번이고 받아낼게
더 이상 빛나지 않아도 온몸이 산산조각 나 버려도
너를 위해서라면 나는 몇 번이고 투신할 테니까…

추풍 스미는 밤

나무 하나에
지나치게 많은 생명이
달려있다는 것을 알았다.
나무에 매달린 열매 수십 개와
수천 개의 잎들은
바닥으로 솟구치듯 떨어진다.
내 머리 위,
내 가슴 위,
차곡히 쌓여간다.
나의 진심은 저 아래 묻히는가.

나는 스쳐 가는 바람에도 대답할 의무를 느꼈다.
꽃잎이 떨구는 이슬 하나에도 이유가 필요했고,
거미줄에 달린 낙엽에 탄식했으며,
한숨 쉬듯 내쫓은 하루살이에 자책했다.
내 마음이, 내 위에 쌓인 낙화들을 집어삼켜
나를 가을 닮은 사람으로 만들었구나.
낙하하는 모든 지나간 것들을 위한 어머니의 눈물이,
내 마음 한구석에 피어오른 꽃이,
저 하늘 가득 안고서 흐느낀다.

그 울음에 숨 못 쉴 듯 아픔이 차오른다.
아롱져 보이는 회색 하늘은 왜 이리도 밝은지,
별 하나만 떨어지길 소망했다.

sailing day

돌아오는 계절을 보냈다
계절이 지나는 사이에 너는 죽어서 말이 없고
나는 버드나무가 옮겨 심어졌다는 소식에 울었다

6월을 시계방향으로 토해내고
붉게 물든 여름이
시간들이
무분별하게 쪼개져 흩어진다

오래된 길목에서 길을 잃은 아이가 운다
소멸하는 것과 소멸하지 않는 것
영원과 구원
불완전해서 완벽한 것
그게 참 슬프다고

무언가 떨어질 듯한 네 안에서
튀기는 파열음에 음을 갖다 붙이다
나는 이제 좀 춥다고 한다

새겨진 흉터에 입을 맞추면
내가 너의 흉터 같아서
길을 잃은 아이처럼 소리 내 울었다

빛도 아닌 게 자꾸만 온다
흰 먼지를 뒤집어쓴 채
너의 안부를 묻는다

사랑이라고 불리우는 것들

언제였던가 그 푸르른 새벽
네 작디작은 손을 잡고 엉엉 울던 새벽이 있었더랬지

네가 내 곁에서 사라지면 어쩌지
내가 시간이 지나 결국에는 너를 잊고
또 다른 사랑을 찾으면 어쩌지 하는 생각들이
가장 어두운 장막이 내린 새벽마다
끊임없이 나를 괴롭게 해서

나는 네 이름 없이도 너를 사랑한 지 오래인데
아니,
아니다
나는 처음부터 내가 네 이름 없이는 살 수 없게 만들었지

세상에 영원한 마음이 있다면
내가 너를 사랑하는 마음일 거야
시대에 뒤처지는 나는 사랑도 아날로그라
몇십 년이 지난 뒤에도
첫사랑 하나를 잊지 못하는 사람처럼
구질구질하게 또 너를 그리고 있을지도 몰라

사랑아
네가 뱉어내는 작은 숨들이 나의 전부고
네가 나를 바라보는 그 눈짓 한번이 나의 구원이지

착한 너는 이런 나를 죽어서도 사랑하겠지만
미련한 나는 감히 돌아와 달라는 말 같은 거 못해

하지만 이거 하나 기억해 줄래
네가 나에게 다시 돌아오는 날이 언제든
나는 너보다 사랑한 것 따윈 없었다고

나는 다시 죽어도 너야

94℃

뜨겁게 내린 커피에
차가운 얼음 두 알을
떨구는 것은 잔혹한
일이지

찌적 찌작 찌정

비명횡사하는 소리가
들리니

새벽을 깨우는 음성
녹아든 얼음의 읍소

철컥 찰칵 철컹

총칼로 낮이 밤을
기습하는 장전음

초침으로 자아가 자아를
짓누르는 셔터음

수갑으로 도덕이 본능을
체포하는 경고음

오후에는 삼자대면이 열렸다

용암을 마시려는 게 아니라고
감기를 마시려는 게 아니라고
커피를 마시려던 것 뿐이라고

나는 주장했고

적정한 온도로
융화된 분열된
얼굴들

일자로 닫히는 삼자대면
안온을 내리는 드립커피
새벽을 재우는 백색소음

사락 소록 스륵

반타 블랙

손에서 온기가 사라지면 그때 우리 손을 놓기로 했었지
맞닿은 마디가 뜨거웠다

손끝으로 전해지는 온도가 라이터보다 뜨겁다면
그때는 너도 담배를 끊을 수 있을까
손끝으로 혈관을 쓸어내리면 심장이 반응했다

눈을 감으면 매캐한 냄새가 났고
우리는 늘 연기에 민감했지

타는 것과 타들어 가는 것이 다르다고 배웠고 구분할 수 있었다

해가 없어서
입가에 피어났던 게 무엇이었는지 알 수 없고
동트기 직전과 가장 검은 검정의 관계성

미안 다 써버렸거든 그래서 이름을 몰라

색을 구분할 수 없었고 차이점이 모호할 때
잡은 손끝의 온도가 내려갔다

입이 움직이지 않았지만 연기가 피어올랐다

밤에는 낭만이 없고
폐부가 회색으로 물드는 것 같아서
숨이 탁한데 색이 보이지 않아서 아프다 말할 수 없었다

불이 붙은 나무
나는 네가 진작에 담배를 끊었어야 한다 생각해

여기는 밤인데 왜 하얀색일까
무뎌지지 않은 감각을 맞댄다

타는 게 밤이라면 타들어 간 건 뭘까

hysteric

엄마 이것은 새벽이 아니에요 등짝에 말라붙은 날개, 시들어진 풀, 열리지 않은 문
아직 치켜올려지지 않은 빛의 뿌리
이것은 미명으로 둔갑한 권태예요

목이 마른 물고기가 뻘건 입을 벌려 울어요
젖을 줄까요
바다의 젖을 퍼서 줄까요
그런데 엄마
저 물고기는 어디에서
왔나요

시퍼런 빛
공중에 선 새가 새벽은 영원히 젊다고 했어요
푸른 탓에
영원히
젊음이라고, 빛을 받지 않아도 늙지 않는다고 했어요
저는 목구멍이 보이도록 웃었어요
영원이 어딨니 새벽이 어딨니
새야, 저건 권태란다

저어기 울던 물고기가 같이 웃어요
그런데 엄마
부서진 에나멜 빨간 구두 같은
저는
어디에서 왔나요

새벽이 머리칼을 퍼어런 머리칼을
흩트리고
물고기는 아직도 미친 물고기처럼 웃고 있는데
엄마
저는 단 한 번도 젊었던 적이 없어요
어리거나 늙은 권태만이
선득한 권태만이 오고 가고 엄마

저는 단 한 번도 푸른 적이 없어요
아아 단 한 번도

U-485, 흑발의 천사

안녕, 오늘은 네가 빌린 밤을 탕진하는 날이야

오늘의 문지기는 검은 머리의 천사란다 그녀의 머리카락에서 미끄러진 것들이 지상으로 떨어지는 날이지 밤에 피는 꽃을 물고 있어야 하는 건 누군가 그녀의 콤플렉스를 말해 버린 탓 우리는 검은 피를 가지지 못했지만 매일 밤 검은 기도를 해 왔으니 괜찮지 않겠니

잘 말린 불가해의 날개가 내린 뿌리 위
너의 어쩔 수 없는 푸른 동공을 뿌린 새벽 위
다 자란 새 천사들을 수확해야 하는 날이야

우리가 경외하던 것은 흑발의 사랑
천진무구의 방랑을 향한 네 손이
이 페이지를 넘긴다면

가자, 네가 영원을 두고 온 곳으로

네 영원이 탕진된 곳으로

II

새벽

새벽은
가장 상쾌한 샤워
지니고 있던 희망
주머니에서 꺼내
모두 씻겨 보내는
가장 슬픈 이름
한 땀 한 땀
새겨놓은 악몽들
훨—훨
날려 보내다
나뭇가지에 걸린
연 조각
한 뼘만 뻗으면
닿을 듯하지만
영영 잡지 못하는
가장 예쁜 절망
우리가
분간할 수 없이 섞여 있던
유일무이한 찬란

새벽의 초상

모두가 고요해지기로 약속한 시간
집으로 돌아가는 길은 길고
나는 후회할 선택들 같은 걸 생각해요

연노란 햇빛 대신
어슴푸레한 간판 불빛을 쐬고 있으면
미래를 그리기엔
낭비된 사람처럼 느껴져요
주저하는 자세를 오래 하고 있어 똑바로 서면
몸이 부서지듯 아픈 상황 같습니다

연필은 너무 닳았고
나는 쓰기엔 너무 지쳤어요
신호등 건너편을 무심코 뒤돌아보면
폐건물 2층에서 인사하는 손짓이 보입니다
밤에 돌아다니는 그림자
자유로운가요

벽을 보고 누우면 부서진 벽이 보이고
그 사이로 콘크리트 냄새가 납니다

자기 전 매일 보는 초상을
지겨워합니다

뒤돌아보도록 만드는 시간이 지나면
후회하지 않을 아침이 올 수 있을까요

밤사이 당신에게

안녕, 나의 사랑

이를테면
문을 열지 않은 방안의 오래된 먼지

내가 할 수 있는 일이라곤
당신의 고독 속으로
계속해서 걸어 들어가는 일이겠지만

그 부드러운 상념을 따라 걷다 보면
당신을 사랑하게 돼

해가 피어오를 때마다
아무 저항 없이
가라앉는 당신을 구하고 싶은 거지

어두운 밤을 끔찍한 고독으로 채우지 마

알고 있어?

새벽의 긴 사다리는
수 만개의 촛불과 연결되어 있다는 걸

당신은 기척 없이 등을 돌리겠지만
그들은 영속적인 평정 속에서
헝클어진 아침을 기다리고 있어

어디서 그런 생명력이 나오는지
사랑스러운 소란을 들어봐

그래, 어쩌면 강렬한 고독이
당신을 다시 휘감을지도 모르지만
우린 세상의 경이로움을 말하게 될 거야

적어도 당신은 아무나가 아니지
빛의 힘줄을 가졌으니까

당신은 알지

자신이 새벽의 일부임을
떠오르는 모든 존재를
모두에게 알리지

그렇게 아침이 와

나 지금
수면에 퍼지는 빛을 바라보고 있어
꽤 살만한 시간이야, 당신은

여전히 고집스럽게 스러지는
당신을 사랑하며

비닐봉지

장마가 찾아오면 모든 수건과 옷가지를 창가로 몰아놓았다
빗물이 넘치는데 살림살이가 많지는 않았다
중요한 것들은 밀봉했다
반지하 창문 너머로 밤이 흘렀다
귓가를 때리는 빗소리와 함께

그 소리에 질색한 때도 있었다
비닐봉지에 내 새벽을 준비했다
가장 먼저 학교로 가야 했으니
항상 첫차를 탔다 밤이 끝났단 증거이므로
눅눅한 화장실에서 옷을 갈아입고 책상에서 잠을 잤다
그곳이 가장 건조하니
문 열리는 소리에 깨면
아침이었다

내 몸에서는 늘 물 냄새가 났는데
한 번도 좌절한 적은 없었다
천천히 준비했다
새벽을
아침이 오기까지
비닐봉지를

넌 새벽을 좋아하니

넌 새벽을 좋아하니
난
.
.
.

나도 그렇다고 말하려 했어
어젠 피곤해서 일찍 잠 잤어

절대 새벽이 싫지 않아
네가 싫은 것도 아냐!
난 새벽이 너무 좋아
너랑 전화하는 이 시간이

어제는 첨으로 밤을 새고
낮에 암막 커튼을 치고
저녁 일곱 시에 일어났어
이제 새벽이 행복한걸

나는 새벽이 너무 좋아

조용한 목소리와
이젠 새벽이 춥지 않아
너와 함께하는 이 시간이

네버랜드

당신은 기지개에 살고
나는 달 곁을 베고 눕지

장황한 아름다움은 희끄먼 발음을 가져요
당신은 나의 우주 말로 부를 수 없고
우리는 유약해
유순하고 여울져
더 디딜 벽이 없고 먼동이 분명해요

구겨진 어제는 멀건 새벽을 흠모하고
나는 그 틈에 엉망을 끼워 넣을래요
갈피가 되어 옮아가는 순간에 접히고
파랗게 질린 뒤꿈치가 물렁여요

네버-.

아무리 자라도 당신의 덥힌 뺨은 멀고
시려운 손끝은 다정까지 무거워요

네버-.

어슴푸레 염원을 문지르듯 엿보던 온기

네버-.

발 잃은 어둠은 심장을 머금지 못하고

네버-.

눈길은

네버.

덜 여문 아침 몫이에요

새벽바람 나의 바람

온종일 들이킨 그리움 한잔과
가을 저녁 달빛을 한 조각 떼어와
편지지에 옮겨 적는다.

수취인 불명의 부치지 못할 편지에
나의 과거를 꾹꾹 눌러 담아
길게 길게 써 내려가다가 잠이 들었다.

창문 틈을 비집고 들어오는
살을 에는 새벽바람에 화들짝 놀라
만년필을 다시금 움켜쥐고
쓰다 만 편지의 마지막을 적어 내려간다.

겉면이 닳고 닳아 만들어진 원 안에
봄 향기 맡을 자리
여름 볕 피할 그늘
가을바람 느낄 쉼터
겨울 눈보라 피할 집을 만들어야지

차디찬 새벽바람을 뚫고 올라선
공원 전망대에 서서
나의 바람이 담긴 편지지들을
새벽바람에 실어 보낸다.

저 멀리서
어슴푸레하게
아침 해가 떠오른다.

나는 불면증 환자였는데

너는 께느른한 얼굴로 누워 있다
눈을 감고

비집고 들어가는 일이 내게는 어려워
품을 내어주는 법을 배우고 싶었으나
뒤척이는 게 더 쉬웠고
그러므로 자주 등이 닿았던 새벽

그 시간을 건너 네게 가면
너는 그게 꿈인 줄 알까
조금은 더 솔직해질까

자꾸 숨소리를 늘리는 너와
네 눈꺼풀 안이 궁금해지는 때

말을 하려다 말 것처럼 너는
수마와 싸운 말썽꾸러기의 얼굴로
지쳐 잠든 고요함의 얼굴로

낮에는 수채화 같았다가
지금은 수묵화 같았다가
시선이 향하는 곳에는
울어버린 종이처럼 터버린 입술

미색의 얼굴조차 어둔 밤이 되면 검어지는데
하물며 우리는 저녁조차 보내지 못하면서
뜬눈으로 새벽을 지새라니
너는 잠든 와중에도 심술 맞구나

네 얼굴이 자꾸 보고만 싶어질 때마다
그러나 자꾸만 눈이 무거워지고

내가 말했지
잠과 사랑은 원하지 않을 때에만 찾아온다고
(그래서 너를 멀리해야 하나 생각하기도 했어)

뜨거운 새벽의 유령

우리는 서로의 손바닥에 왕국을 숨겨뒀지
새파란 입술로도 입을 맞출 수 있는 땅으로 가자
더는 나누어 줄 온기가 없더라도 손잡고 가자
캄캄한 시간을 나누어 먹으며 읽어내는 운명
너의 생명선의 끝에는 내가 있다는 사실과
이 새벽의 끝에는 우리가 있다는 사실로부터
눅눅한 침대에서 시작해 건설되는 작은 신화

손금을 따라 걷다 보면 나오는 넓은 어둠
발이 없는 우리는 멀리 가지 못하는데
아침까지 가지 못한 채 껴안기만 하는 두 사람
우리의 땅에 두려움은 스며들지 않는다고
속삭이고 맹세하지 가장 가벼운 구름의 움직임처럼
손아귀에 내려앉는 희미하고 앙증맞은 별빛들처럼

새벽에는
미처 타오르지 못한 태양이 녹아들어 있고
부서진 햇볕이 알알이 박혀 달빛처럼 반짝이는데
한 줄기의 빛으로라도 환해질 수 있다면
맞잡은 손으로부터 단단해지는 왕국이 있다면
믿을 수 있겠니

낡은 이불을 잘라 깃발을 만들자 가장 높게 올리자 별을 쓰다듬을 수 있게 유령들을 읽어내는 사람들은 아무도 없으니까 아무렇게나 축조해도 괜찮을 성, 그건 우리가 껴안으면 나눌 수 있는 온기로부터 만들어졌어 우리는 거기서 살지 우리는 밤마다 잠을 자는 대신 조금씩 죽었다 다시 깨어나지 두 사람이 죽는 이유가 뭔지 알아? 서로에게 심장을 모두 줘버렸기 때문이야

새벽에만
우리는 유령이 되어서 두 손으로 어둠을 더듬고
우리는 조금 더 솔직해져서 투명해지고 그러므로
우리는 사랑을 아는 눈동자를 서로에게 선물하고
우리는 조금 더 뜨거워져서 따스한 입맞춤을 주고

그러므로 두 사람이 지어낸

가장 뜨거운 새벽의 땅,
조그만 신화 속
유령

---

* 2023 부산시립미술관 전시 『슬픈 나의 젊은 날』 중 김덕희 작가의 작품들에서 영감을 얻음.

안과 밖

바깥은 고요하고 안은 분주하다
머리맡에 둔 물잔의 안부를 살피려
이른 알람을 맞추어 둔다

온전히 깨어있을 때
고스란히 감지되는 흔들림 대신
암전된 고요를 느낄 수 있게

한낮의 고뇌와 시름이 담긴 물잔을
손 뻗으면 닿을 곳에
절박하게 두었다

윤기 없이 얼룩진 표면을
내 것이지만 내 것 아닌 마음으로
물끄러미 바라본다

잔잔한 미동만을 유지한 채
기울어지거나 넘치지 않는
뻔한 안도감이 흐른다

분주한 기억을 손끝에 툭 떨구어
짧은 파동을 일으켜 보고
이내 잠잠해지기를 기다린다

저문 낙엽 사이로 끝내 소멸한 발자국은
까맣게 잊은 것들로부터 달아나
또 다른 망각을 딛겠지

아직 어스름한 바깥 공기를
흘깃 바라본다

모든 것이 제자리를 찾는 시간
홀로이 깨어
물잔에 남은 마음을 꼴깍 비웠다

바깥은 분주하고 안은 고요하다

청춘

시간은 택시를 타고 갔고
택시비가 없던 나는 마냥 걸었다

푸른 새벽 어스름을 휘적이며
뭐가 서러운지 아니면 무서운지
조금 울기도 하면서
우스운 춤을 추면서
목청껏 노래를 부르면서 그리고

나였던 것들을 길바닥에 조금씩 흘리면서
다시 주울 생각이 아예 없지는 않았었는데

지나고 보니 지난한 날들
고이 버려두고 온
그 시절의 나는
여전히 쪽빛 길 위를 서성이다가

어느 새벽,
떠진 눈을 조용히 다시 감으면

춤을 추면서
노래를 부르면서 그리고
옅은 미소를 지으면서
손을 흔든다

그때 천천히 걷던 그 길이
청춘이었다 전하며

새벽이 싫은 이유

항성을 등져 남색으로 탁해진 지구 한구석. 끊임없이 늘어나고 또 줄어드는 시침의 공백. 반복되는 그 한 칸마다 기대앉아, 영화처럼 내뱉는 실 없는 농담들. 나는 네게 여름이 좋은지 겨울이 좋은지 물었고 너는 새벽이라 답했다.

시선을 따라 간 검푸른 배경엔 헤아릴 수 있을 정도의 별이 보인다. 이유를 물으니, 눈으론 저 별을 머금고, 작은 입으론 귀여운 낭만을.

새벽엔 하늘이 높은지 낮은지 알 수가 없어서
비치는 저 자신이 까맣기도 또 파랗기도 해서
낮과 달리 달과는 눈 맞춤할 수 있어서
그 달이 매일 다른 표정을 지어서
늘 모르겠지만서도 그런 점이 희망과 닮아 있어서
동이 트기 전 새벽은 언제나 황혼의 태곳적이어서

근사한 설파에 어딘가 부서진 기분이 든다. 가만히 이유를 듣다 네 눈을 바라보면, 별을 머금은 눈. 그건 태양보다 커진 별 하나, 몰래 팽창하는 적색거성. 다른 시야는 온통 가라앉는다. 나도 새벽을 좋아하나 봐.

태연한 척 입술을 달싹이지만 우주를 닮은 침묵엔 벌레마저 숨을 죽이는지. 언제부터인가 들리는 건 오직 귀에 달라붙는 분초. 끊임없이 쿵쾅대는, 들어본 적 없는 분초.

하지만 이내, 내 심장 소리라는 걸 깨닫는다. 들킬 것만 같지만 멈출 수 없다는 것도. 나는 너 몰래 새벽이 싫은 이유도 하나 생각해 낸다.

동거

암흑을 안은 네가
정작 옅어

정신 말짱한 달이
채근해도

달그늘에 못 이겨
감긴다 눈이

나 편히 자도 되잖아
이젠

내가 아직
몽중에나 웃을 수 있는 사람이었을 때

가장 거창한
*꿈*이
깨어나기였을 때
그 성긴 꿈 틈새를 샅샅이 엿봤다

이건 끝나는 건가요

서서히 눈꺼풀을 들어 올린다

보이지 않아
길이

건물 뒤로 숨은 구름처럼
구름은 숨은 건가요

가려진 건가요

암흑을 떠안은 네게 물었지

너는 어떻게 그걸 다 안아
여기 이것도 좀 가져가지 않으련

네가 말했지

그래도 돌아올 텐데

서서히 눈꺼풀을 닫는다

그게 있어야
이게 있어야

네가
내가

그렇담
나는 두 손 모아
나의 평화를

이 밤에
소원토록

나 편히 자도 되잖아
이젠

서린 마음

나는 벼랑 끝에서도 춤을 추며 노래를 불러야지.
비를 맞으며 청춘이라 불렀던 날들,
차들이 밟고 지나간 도로에 누워 하늘을 바라보던 날들,
세상을 등지고 바다로 도망쳤던 날들을 떠올리며 말이야.

엉망이 되어 버린 나를 보며 넌 어떤 표정을 짓고 있니. 내 생사엔 관심이 없더라도, 절망 속에서 너를 떠올리는 일만큼은 빼놓을 수 없었단 걸 기억해야만 해. 속절없이 사랑을 읊고 영원을 약속하는 내 심정을 아니. 그럼에도 사랑이 가볍냐 묻는다면, 어리석게 굴고 싶었던 거라고 이야기할게. 이게 내 생존 방식인 걸 어쩌겠어. 멍청한 사랑 노래를 들어 줘. 해 뜨기 전 잠시 날 달래러 온 그믐달처럼, 태양이 지평선 위로 떠오를 때까지.

장식용 은둔자*

선물 받은 양초에 불을 붙인다
비 내린 숲속을 헤매다가 넘어졌을 때
무릎에 묻은 흙에서 나는 향기 같네

저기요 눈을 감지 마 이 향기를 기억해

그렇게 되뇌며 침대 옆구리에 등을 기대고
엇갈린 팔 위로 고개를 묻으면
촉촉하게 감싸오는 잿빛 수증기

언제부터 여기에 살았니 줄곧 외로웠는데
너도 있는 줄 알았다면 수저를 하나 더 놓았을 거야

입을 굳게 다물고 벽지로 스며드는 너
동그라미 세모 네모 안에 내가 태어난 날부터의 일을 모두 기록해 둔 너
하나씩 읽다 보면 걸죽한 진흙더미에 발이 푹푹 빠지네

새로운 향기에 새로운 시선을 담아요
양초를 준 사람에게 이 새벽의 경험을 들려준다면 하나도 믿지 않겠지만

손톱 사이에 낀 때를 본다면 어쩔 수 없이 고개를 끄덕이게 될 겁니다
신비로운 기원에 대하여 입을 막아도 자꾸만 비집고 나오는 호흡에 대하여……

사물에도 삶이 있어
건드린 적도 없는데 나사가 풀리는 서랍장과 멋대로 꺼지는 선풍기와 접어둔 적 없는 책의 어느 페이지 같은 것
모두 사물이 사는 방식의 일부이고 너는 그들과 닫힌 문 너머에서 매일을 살았던 거야

믿기니 이 은둔자야
결코 혼자가 아니었던 거야

* 『이민자들』, W. G. 제발트, 이재영 역, 창비, 12쪽.

#_#!(조심해=사랑해)

이 시간대에는 두 부류의 사람들이 있다는데
시계가 똑딱거리는 적막을 참지 못하고
밖으로 나가 달리는 사람과
방 안에서 꼼짝없이 과거로 달려가는 사람
사실 두 사람은 같은 부류인데

눈이 시뻘게질 때까지 눈앞이 희뿌예질 때까지
달리는 사람에게는 목마름도 허용되지 않아
과거를 그리워하는 사람은 등쳐먹기 쉽다
끊임없이 눈물을 흘리며 웃고 있으니까
몰래 돈 세는 손가락을 빨리 굴리며 말할 수 있지

아아 만 원이 모자라는데요?

그럼 우느라 날 쳐다보지도 않고 삼만 원을 더 얹어준다
얘들아 고마워
과거가 있기에 우리는 상생하는 거야 사람은 절대 혼자 살 수 없고
끊임없이 그리워하며 울고 웃어라

돈 때문에 울던 날들은 모두 잊고
서로를 등쳐먹었으니까 내일은 행복하게 눈 뜰 수 있지
좋은 아침이 올 거야
얘들아 고마워

난 너희를 사랑하고 너희의 과거를 사랑하고
진흙탕 속일 미래 또한 품을 벌려 환영하고
모든 것은 과거가 되고 누구나 실수를 하고
날은 또 지고 모두 다 10초 전을 그리워하며
이 이른 시간에 내일 생각도 않고 울고 있어

바쁘게 움직이는 내 손과
말줄임표도 없이 내뱉는 '사랑해'
사람은 절대 혼자 살 수 없고

#_#!
집 가는 길 조심해
우리 내일도 보자

Mærry

태우지 않아도 밝으니 덥석 안았지

빈곤해도 빈한하지는 말자고 우리는 둘이니까
어두워도 컴컴하지 말고 길 잃어도 가라앉지는 말자고
깍지 끼는 손과 비춰주는 얼굴이 있어
어깨는 젖어도 두 이마만은 비를 피할 수 있도록

백만 불짜리 불면을 덮고 천 마리의 양을 몰더라도 그 언덕 꼭대기엔 네가 있으니까
어지러운 의지에 눈은 푸르게 타고 서릿발 같은 섬광이 볼에 파지짓 번져도
갓 다린 셔츠 같은 뻣뻣한 몸짓으로
다시 무릎 숙여 물어보겠지

누구도 약속하지 않고 아무것도 어기지 않았으나
네가 나의

잘 자

부끄러움과 평화의 시간
안식과 수치스러움의 시간
그 깊숙한 시간의 우주에 갇히는 것은
언젠가의 나뿐만이 아닐 텐데
유영이나 할 수 있어 다행이라 생각하며
붙어있는 숨에 경외와 멸시를 함께 깔아본다
이 고요는 평화롭고 뼈마디는 부끄럽고
혀를 어디에 두어야 할지 모르기에 수치스럽고
눈을 감으면 내일이 오지 않을 안식을 고른다

나는 언제까지고 나를 쫓아올 거야
절대로 도망칠 수가 없어
나는 나를 떼어낼 수 없어
내 몸 내 정신 내 비참함
모든 게 영원히 내 뼈 안에서 굴러다닐 거야

그러니까 잘, 자라고
허튼 박동에 집중하지 말라고
머리를 풀었으면 베개를 누르라고
그런 우주에는 혼자 있는 게 아니라는 외침을
아랫니 사이로 흘려보는 새벽

반딧불이

해가 저물고 적막이 드리워질 때면
흐릿한 글씨체도 선명해지지 않니
바래진 편지도 잘 읽히지 않니
애써 잊고 살았던 기억이 되살아나지 않니
내 안에 죽었던 언어가 되살아나지 않니
이럴 때면, 새벽이 죽어가는 건지 살아나는 건지
도통 알 수가 없어진다

잠들어야 할 새벽에
잠식된 것들이 깨어나 두 눈을 감기가 어려워진다
유일하게 모든 것들이 되돌아오는 시간에
다정한 것들은 그대로 멈추기를 바라본다
사랑이라고 부르는 것들은 온전하기를 바라본다
더도 말고 덜도 말고 헤엄칠 꿈속을 그려야지
울게 만드는 것들은 불안을 안겨주지만

그럼에도, 받아온 다정을 떠올려야지
그 다정으로 나의 새벽은 몰라도 너의 새벽을 지켜내야지
네가 나온다면 기어이 깨어나지 않을 꿈일 테니

나는 빛을 내어 네 꿈속을 밝혀야겠다
잠들어야 할 새벽이 두렵지 않도록

그렇게 가까이 존재해야겠다

축약되는 것들에 대한 고찰

악필인 제가 밤을 꼬박 새우며 편지를 씁니다.
명암이 진하게 남아 스친 손에 손자국 묻어
이렇게라도 흔적이 남기를 바라기 때문에요.

이 유구함을 축약하려면 한평생이 걸릴 듯합니다.
어쩌지요, 저는 활자 하나 버릴 수 없습니다.
이 한 음절 사라지면 영영 지워질까 겁이 납니다.

사람이 어떻게 빛 하나 없이 살 수 있나.
사람이 어떻게 사랑 없이 살 수 있나.
그렇게 당신을 생각하다가 새벽임을 깨달았다가
창밖을 보다가 마음의 본질을 생각해 봅니다.

밀물처럼 차오르는 가슴속 뜨거움을 애써
꺽꺽 눌러 담는 마음이 있는가 하면
왼쪽 눈에서 눈물이 먼저 떨어지면
그것은 가짜 눈물이라는 이야기도 있더군요.
저 바다 건너 사는 감별사는 눈물의 맛만 보고도
그것을 구별해 낼 수 있다고 하더라고요.

그렇게 당신을 생각하다가 새벽임을 깨달았다가
당신이 준 마음에, 당신께 전하고픈 마음에
고운 색으로 물든 달맞이꽃 한 송이 골라 눌러
아침이 볼 수 없게 편지에 넣어두려 합니다.
영원히 담아둘 수 없다면
우리 함께 아침 햇살에 부서질까요.

추신으로, 엉망인 필적이 이따금 부끄럽지만요.
그럼에도 감히 발췌하여 말할 수 있다면요.
제가 어두운 세상을 사랑할 수 있었던 이유는
오직 당신 하나였노라고.

우표도 없는 것이 훗날
아득한 곳의 우정국으로 보내질지도 모르겠습니다.

오늘도 너의 새벽은 좀 더 짧을 거야

빈틈없이 차가운 밤을 갈라
온기를 지피기 시작하지
행여 기척에 잠이 달아날까
네가 있는 방문을 좀 더 여밀 거야

발끝을 오므린 채
살금살금 바닥을 누비지
어스름엔 실내도 따뜻하지 않을 텐데
전혀 개의치 않고 분주할 거야

한 시간은 더 걸렸을 거야
꼭 보슬보슬한 끼니를 챙겨주려는 욕심에
매번 새로 준비하니까

천장으로 따뜻한 냄새가 퍼져
너에게 발걸음이 가까워 오고
미처 알람이 울리기 전에
방문을 열고
몸집이 커진 온기를 불어넣을 거야

네가 눈을 떴을 때
전혀 춥지 않을 거야
창밖의 푸른 이불은 다 접어 넣고
주황빛 구름을 꺼내 놓았거든

오늘도 너의 새벽은 좀 더 짧을 거야
이른 시간인 걸 알 수 없게
서둘러 아침을 가져다 두었으니까

너의 하루가 기분이 좋았으면 해
그러니 식기 전에 씻고 나와
같이 먹고 싶으니까

엄마가

잘 자요

불안은 당신의 치아 같습니다

밤의 태엽이 풀리는 힘으로
흰 보석들을 천장에 수놓는 그대여
이제는 자야 할 시간입니다

당신의 원수는 두 발을 비벼
악취와 오늘의 기분을 씻어냈다는 소문

이곳은 당신이 누릴 수 있는
가장 낮은 높이
순교한 이의 형상대로 그어진
백묵의 테두리

캐모마일과 노란 마음들
당신의 탄생을 축복하며
왁자한 웃음 가득했던 흰 꽃밭

당신의 머리맡에는 따뜻한 졸음
깜빡, 깜빡,

느리게 이어지는
늙은 전등의 넋두리

뛰는 심장의 리듬으로
다시 한번 믿어보는 생의 따스함이
조용히 자리를 찾아가는 새벽

사실 이곳에는
당신의 숨결밖에는 아무것도 없습니다
그토록 무해한 공기 밖에는
아무것도 없습니다

여명은 당신이
오직 당신을 위해 남겨둔 하루

환한 그대여
환한 그대여
이제는 자야 할 시간이에요

타래

어제라고 말하자니 아직 그곳인 듯해서.

그렇다고 오늘이라기엔 어딘가 낯설기만 해서, 이런 참에 그냥 내일이라 말해볼까 싶었는데 사실, 어느 쪽으로 정리하든 간에 딱히, 신경 쓸 것도 없는 시간과 시간 그 어디쯤에 머무는 지금이라, 어쭙잖은 정리는 밀어둔 채 일단은 흘러가 보기로 했다. 나 아직 잠들지 못한 이유를 어제서 찾으려고도 않고, 의연치 못한 기다림에 매인 오늘은 내버려 둔 채, 눈 잠시 깜빡거리면 다가올 내일까지 그냥, 이러면 이런대로 마냥 흘러가자고 작정했다. 가시처럼 돋칠 미련이 어제에 뻗치려 해도 아무렇지 않은 듯, 주변을 당겨와 나를 조급하게 만들 오늘마저 다 괜찮은 듯, 어차피 다가올 내일조차 두려울 것 없는 듯이, 어제와 내일 그 어디쯤에 머무는 지금에 나는 작정했다. 어쭙잖은 정리는 밀어둔 채 일단은 흘러가 보기로 했다.

해야 할 일

　아득히 멀어진 누군가의 잔상을 투영시키는 일 분절된 기억을 이어 붙이는 일 몇 개의 시절을 유영하는 일 저물어간 언약들을 축복하는 일 적당한 채도를 찾아내는 일 어두운 방 한편에서 창문을 바라보는 일 고립된 자아를 구원하는 일 풀벌레 소리에 이입하는 일 수백만 장의 편지를 품고 우체통 앞에서 단념하는 일 처연한 태도를 시종일관 유지하는 일 커튼을 치는 일 자리에 눕는 일 여명을 기다리는 일 축축한 베개피에 얼굴을 묻는 일 들숨과 날숨을 번갈아 내쉬는 일 꿈을 꾸는 일 다시금 망각하는 일

파도시집선 014

새벽

초판 1쇄 발행 2023년 12월 22일 동짓날
　　 2쇄 발행 2025년 4월 21일

지 은 이 　| 임나하 외 55명
펴 낸 곳 　| 파도
편　　 집 　| 길보배
등록번호 　| 제 2020-000013호
주　　 소 　| 서울특별시 서대문구 증가로 17길 38
전자우편 　| seeyoursea@naver.com
I S B N 　| 979-11-93627-00-6 (03810)

값 10,000원

ⓒ 파도, 2023. Printed in seoul, korea.

* 이 책의 판권은 지은이와 파도에게 있습니다. 양측의 서면 동의 없는 무단 전재 및 복제를 금합니다.
* 맞춤법과 띄어쓰기는 원본에서 기인하였습니다.
* 파도시집선 참여 작가들의 인세는 매년 기부됩니다.